www.ingramcontent.com/pod-product-compliance
Lightning Source LLC
Chambersburg PA
CBHW081726220526
45468CB00008B/1992
9781723210365